Michel Chevalier

La Liberté
aux États-Unis
d'Amérique

essai

ISBN : 978-1533634344

10 9 8 7 6 5 4 3 2 1

Michel Chevalier

La Liberté aux États-Unis d'Amérique

essai

Table de Matières

Introduction

Le peuple américain est renommé pour être libre, il aime à l'être, il l'est ; mais comment entend-il la liberté ? Comment la pratique-t-il ? Voilà ce que je voudrais essayer de dire ici.

Le sujet est très vaste, et je suis forcé de le scinder. Je ne m'occuperai pas ici de la liberté politique, je veux dire du droit que possède et qu'exerce l'Américain de prendre part au gouvernement de sa patrie, de son état, de son comté, de sa commune. Aussi bien le sujet a été traité avec une si grande supériorité et avec tant de développement par M. de Tocqueville, qu'il serait téméraire de s'y risquer. La liberté dont je me propose de parler ici est la liberté civile. La liberté civile est l'objet de la liberté politique ; celle-ci est le bouclier de celle-là, bouclier quelquefois, hélas ! aussi difficile à manier que celui du grand Ajax.

Partie I
La liberté de la personne et du domicile

L'Américain est, de tous les hommes, celui qui a au plus haut degré la liberté de sa personne ; il est, sous ce rapport, libre comme l'air. C'est lui qui use du droit d'aller et de venir, ainsi que disait la première ébauche de notre constitution de 1848, sans avoir à en rendre compte. Le passeport est inconnu aux États-Unis, tout comme en Angleterre. L'Américain ne peut être appréhendé au corps sans de graves motifs, dont les magistrats sont juges. Aux États-Unis, la liberté individuelle est garantie contre toute séquestration arbitraire par la loi de l'*habeas corpus,* que les colons anglais apportèrent de la mère-patrie dans leur nouvelle demeure, et qu'ils conservèrent religieusement. On sait que cette loi consiste en ce que tout juge est tenu, sur la simple réclamation qui lui est présentée, de décerner un mandat au détenteur connu ou présumé de toute personne qu'on suppose illégalement retenue, afin qu'il la produise sans délai. L'esprit pratique des Américains a imaginé pour l'*habeas corpus* une sanction fort efficace. Dans l'état de New-York, tout juge qui se refuserait à expédier immédiatement le mandat serait, par cela même, atteint d'une amende de 1,000

Michel Chevalier

dollars (5,400 fr.). Voilà ce qui s'appelle aller au but.

La liberté individuelle est respectée à ce point aux États-Unis, qu'on en est venu à supprimer dans la plupart des anciens états, la contrainte par corps en matière commerciale ; les nouveaux états, à plus forte raison, ne l'admettent pas.

A plus forte raison, les formalités que notre code douanier permet, ou dont la douane se délivre à elle-même la permission, telles que les *visites à corps*, qui ne connaissent ni âge, ni sexe, ni condition, sont-elles inconnues en Amérique. Ce serait un cas de révolution qu'un agent de la douane osât prétendre à faire visiter la femme ou la fille d'un citoyen. Chez nous, qui donnons, à ce que disait la première édition du préambule de la constitution, le modèle de toutes les libertés au genre humain charmé de nous contempler, c'est ou ce peut être le pain quotidien des habitans des frontières et des voyageurs. L'assemblée constituante de 1848 était si peu éclairée sur ce que c'est que la liberté réelle et pratique, qu'il n'y a pas été dit un mot de protestation contre cette violence sauvage.

La liberté du domicile est protégée en Amérique à l'égal de la liberté de la personne. Les visites domiciliaires ne sont autorisées en Amérique que sous des conditions et selon des formalités empruntées, comme l'*habeas corpus*, à la législation anglaise, et effectivement observées, sans qu'on en ait rien laissé tomber en désuétude. J'en fais l'observation parce que, nominalement, la législation française semble protéger le domicile du citoyen français avec non moins de zèle que la législation des États-Unis ; mais il y a la porte de derrière par laquelle, chez nous, on pénètre sans cérémonie dans la maison du citoyen, après avoir fait toute sorte de respectueux salamalecs devant la façade principale. La fiscalité, Chez nous, a donné le coup de grâce à la liberté du domicile. Pour constater des contraventions souvent futiles, quelquefois imaginaires, les nombreux agents des administrations fiscales, chacun des soldats de cette armée innombrable qui a pour chefs les directeurs-généraux des contributions indirectes et des douanes n'a qu'à requérir le commissaire de police, qui s'empresse de répondre à la réquisition, et le domicile est violé.

On dira peut-être que c'est l'intérêt du fisc qui l'exige. Si les droits du fisc ne sont pas garantis, qu'est-ce que devient l'état lui-même ? Soit. Laissons passer les soupçons, même capricieux, du fisc ; mais qu'au moins l'exception soit pour lui tout seul. Or, c'est ce qui n'est pas. La violation du domicile, en suivant la pente des lois fiscales, a fini par devenir une habitude pour la satisfaction de simples intérêts privés. Quoi ! un particulier, mon voisin, a le droit de faire violer ma maison par les agents de la force publique, de les promener dans mes appartements, de me contraindre à leur ouvrir mes armoires, à leur laisser sonder ma cave, mes murailles ! Oui, assurément ; cela se peut et cela se fait. Il suffira que la volonté en prenne à tel de nos concitoyens qui filera du coton à Roubaix, qui tissera du calicot à Lille ou à Rouen, ou qui forgera de la quincaillerie en Alsace, ou qui cuira de la faïence dans l'un des quatre-vingt-six départements, qui pourra se livrer enfin à la fabrication d'un quelconque, des innombrables articles contre lesquels la convention et Napoléon, à l'époque où ils poursuivaient les Anglais jusque dans leurs marchandises, prononcèrent la prohibition. Sous prétexte que ces articles sont prohibés, il lui est permis de demander, et, s'il met de l'insistance à sa dénonciation, il est assuré d'obtenir que moi, qui suis commerçant à Paris, j'aie à subir une descente de commissaire de police entouré de nombreux agents qui mettront mon appartement sens dessus dessous, et ne me feront pas d'excuses en sortant. Cette manœuvre, qui atteste un si grand dédain des droits des citoyens, s'est opérée non-seulement dans de simples villages de la frontière ou l'on pouvait soupçonner que des contrebandiers avaient fait un dépôt, mais à Paris, non une fois, mais chaque année, depuis 1840 surtout, non pas seulement chez des marchands en boutique, mais chez des personnes étrangères au commerce. Pendant ce temps, nous vantions à l'Europe nos libertés, et, ce qui est plus fort, l'Europe nous croit.

Mais je veux envisager la liberté d'un autre point de vue plus pratique encore, s'il est possible. Ce que j'ai à cœur de rechercher, c'est comment un citoyen américain, devenu homme, exerce ses facultés librement pour son propre avantage. Examinons dans ses mouvements et ses efforts cet individu industrieux qui veut, par le moyen de son travail, se faire un patrimoine, une fortune. Suivons-le dans ses entreprises à partir de l'adolescence, et voyons jusqu'à quel point, pendant toute sa carrière active, la confédération, l'état,

Michel Chevalier

la société, lui laissent la liberté d'atteindre honorablement le but qu'il s'est proposé. Mettons en parallèle les facilités ou les obstacles que son pareil rencontrera en Europe, en France.

Partie II
La liberté dans ses rapports avec la loi du recrutement

Voici donc des sujets qui ont leurs vingt ans révolus. Ils ont fréquenté les écoles, ils ont fait un apprentissage ; le moment est venu où ils vont commencer à recueillir le fruit de leurs juvéniles labeurs et des sacrifices de leurs parents. L'aiglon part du nid à tire d'aile.

Celui-là est serrurier, ou maçon ou mécanicien celui-ci s'est familiarisé comme valet de ferme aux bonnes méthodes de culture : en France, il aura été à Grignon ou à Grand-Jouan, ou dans quelqu'un des établissements que va faire sortir de terre la loi de M. Tourret ; cet autre est marin : il aura une barque pour la pêche du littoral, ou bien il gagnera à bord d'un baleinier de beaux salaires, dont, en attendant qu'il se marie, il enverra une part à ses vieux parents.

Au sortir de la maison paternelle, la première rencontre que fera notre sujet, c'est la loi militaire, qui pourvoit à la défense du pays.

Si nous sommes en Amérique, la loi militaire lui dit : « Va, jeune homme, le désir qui t'anime est sacré. Travaille, prospère, fais prospérer les tiens ; tout le dérangement que je te demanderai sera trois jours chaque année pour la revue de la milice. Je me charge de défendre toi, ta famille, ta propriété, sans porter atteinte à ta liberté personnelle. Je ne réclamerais l'assistance de ton bras et de ta carabine que le jour où il le faudrait, parce que la patrie serait en péril » En Amérique, en effet, l'armée régulière se forme exclusivement par l'enrôlement volontaire. La garde nationale appelée milice, qui comprend toute la population mâle de plus de vingt et un ans, ne serait convoquée qu'en cas d'invasion. Dans l'armée régulière, les officiers sont excellents ; on les élève à l'école de West-Point. Les rangs se remplissent d'hommes à qui la vie de caserne plaît plus que le labeur du champ ou de la manufacture. Ils sont convenablement rétribués, et on n'a jamais craint d'en manquer. C'est aussi l'enrôlement volontaire qui recrute les équipages de la flotte. Les avantages matériels et moraux, sociaux et politiques de la liberté ainsi laissée à toute la population pour qu'elle suive ses travaux sans solution de continuité, tant qu'elle en a la force, sont incalculables.

En France, dans toute l'Europe continentale, la loi militaire a un langage différent. Elle dit à cet homme de la campagne ou de la ville que je supposais tout à l'heure parvenu à ses vingt ans, avec son apprentissage terminé et sa vigueur développée, et qui s'apprêtait à demander à son travail même la récompense de son application : « Halte là ! tu iras auparavant tirer au sort, et si tu y tombes, je m'empare de toi sept années durant : ne me parle pas de ton amour du travail, de tes sentiments de famille, de tes espérances, de ta liberté ; tu es mon bien. » Or, on sait à quoi se réduit la chance de ne pas tomber au sort. A moins d'être fils aîné de veuve ou de septuagénaire, ou d'avoir son aîné au service, ou d'être cacochyme, la grande probabilité est que le jeune homme sera saisi par la main de fer de la loi et forcé de servir, s'il ne peut acheter un remplaçant. Il y a des départements, ou tout au moins des cantons, dans lesquels cette probabilité se change en certitude mathématique ; car la Lozère, par exemple, est régulièrement incapable de fournir son contingent proportionnel et légal d'hommes valides : ainsi tout homme valide y est nécessairement conscrit.

Ce régime a-t-il quelque compensation pour le jeune homme qui tombe au sort ? Quelques personnes l'ont prétendu. À l'armée, ont-elles dit, l'ouvrier et le paysan s'instruisent ; ils se *délurent* ou se *déniaisent* : ce sont les mots dont on s'est servi. Pour ce qui est de l'instruction, tout considéré, j'imagine que le plus clair c'est la charge en douze temps et l'art de parer tierce ou quarte, ce qui n'est pas de défaite dans l'industrie manufacturière ni agricole. Quant à se *délurer*, je ne sais trop ce qu'on entend par là, si ce n'est l'art de séduire de pauvres filles ; et en république, pas plus que sous la monarchie, je ne crois pas qu'il soit d'intérêt public que cet art fleurisse. Prenons donc le soldat français tel qu'il est, non pas celui des dessins de Charlet et des refrains du vaudeville, mais notre jeune compatriote devenu, contre son gré, fusilier pour sept années, qui ne ressemble pas plus au type inventé par nos artistes et nos chansonniers que le pâtre de la Normandie ou du Cantal aux

Michel Chevalier

bergers de Florian. Le soldat français se plaît-il à l'armée ? quitte-t-il les drapeaux meilleur ouvrier qu'il n'y était venu, oui ou non ? Le fait est qu'après ses sept années il a désappris sa profession, que le plus souvent il en a perdu le goût. Qui ne sait que la vie de garnison est contraire à l'amour du travail ? Parlons de liberté, c'est de cela qu'il s'agit. Comment traitons-nous la liberté de ces 80,000 jeune gens, prémices pris sur chacune des générations, quand nous les enlevons pour sept années, les plus belles de leur vie, à leur clocher, à leurs habitudes, à leurs affections, à leur existence productive ?

Si c'est la raison d'état qui commande ce sacrifice, je me soumets. Si, comme le pense et l'a éloquemment développé, il y a quelques mois, un des princes de la tribune, grand historien, la France, en vue des guerres politiques qu'elle peut avoir à soutenir, doit toujours avoir toute prête une *armée d'Austerlitz*, et si ensuite la conscription seule peut procurer une aussi parfaite machine de guerre, prosternons-nous ; mais, dans mon humble opinion, aucun de ces deux points n'est encore bien établi.

J'oserai dire d'abord que l'argument des guerres politiques ne me persuade pas. C'est le propre du pouvoir absolu que d'engager les états dans des guerres dites politiques, c'est-à-dire qui ont pour objet toute autre chose que la défense du territoire menacé ou de l'honneur national profondément blessé. La campagne de François Ier à Pavie, guerre Politique ; — l'invasion de la Hollande par Louis XIV si brillamment commencée, mais si mal finie, et qui devait provoquer une vengeance par laquelle nous fûmes à deux doigts de notre perte, guerre politique ; — la guerre d'Espagne par Napoléon, première cause de la décadence du grand homme, guerre politique ; — la campagne de Russie, ou sa chute fut consommée, guerre politique ! Je n'en finirais pas, si je devais énumérer tous les désastres qu'ont enfanté les guerres politiques. Quand les populations seront comptées pour quelque chose, on ne fera plus de ces guerres-là. L'immortel Washington, dans ses *Adieux*, manuel de politique à l'usage de tous les gouvernements qui feront cas de la liberté et qui aimeront le peuple, recommande qu'on s'en abstienne absolument. À ses yeux, c'étaient des entreprises qui naissaient : du vertige et qui enfantaient la ruine. La prospérité et la liberté n'ont eu en Amérique une marche si rapidement ascendante que parce que les conseils de ce père de la patrie avaient été religieusement suivis jusqu'à nos jours. Dernièrement les Américains s'en sont écartés ; la guerre qu'ils viennent de faire au Mexique, et qui d'ailleurs a été parfaitement honorable pour leurs armes, est leur première guerre politique ; mais de là semblent au moment de sortir des périls pour leurs libertés intérieures et pour le maintien même de leur confédération.

Il y a dans l'Amérique du Nord une question politique qui répond à ce qu'était chez nous la limite du Rhin. Je veux parler de la propriété du Canada. Le cours du fleuve Saint-Laurent, dont le Canada est la clé, a pour le territoire des États-Unis bien plus d'importance que le Rhin pour le nôtre. De tout temps, le vulgaire, aux États-Unis, a été facile à émouvoir au nom de la conquête du Canada ; il tressaille toutes les fois qu'on en parle. Les hommes d'état de l'Amérique ont-ils conclu de là qu'il fallait avoir en permanence une armée qui fût nombreuse et invincible, une année d'Austerlitz enfin ? Ils s'en sont bien gardés. C'est qu'en république, et sous le régime de l'égalité, quelque nom qu'il porte, les questions politiques qui doivent primer toutes les autres ne sont pas celles qui concerneraient en Europe le Rhin ou Constantinople, quelque prix qu'ait la possession du Bosphore, en Amérique la vallée du Saint-Laurent ou l'Orégon : ce sont celles qui touchent à l'avancement immoral, intellectuel et matériel des populations et à leur liberté. Je parle de la liberté vraie, et non pas de la fausse, pour laquelle notre nation est si prompte à se prendre d'un ardent amour. C'est ainsi qu'ont raisonné jusqu'à ce jour les hommes publics de l'Amérique du Nord.

Je ne suis cependant pas de ceux qui pensent qu'il soit possible de recommander aux nations européennes de supprimer leurs armées. C'est une bonne fortune toute particulière qui est échue aux États-Unis de pouvoir s'en passer presque entièrement. Je présume que dans l'histoire même de l'Amérique du Nord, le présent état des choses n'aura été qu'un accident, et qu'ils ne tarderont pas à avoir un effectif plus imposant par le nombre. J'admets, en tout cas, que les nations européennes ont besoin d'avoir une forte armée. Il y a un mot de M. Cousin qui exprime une vérité profonde, et sur lequel je crois qu'il serait possible d'édifier tout un traité de politique : *La civilisation*, a-t-il dit, *est un composé de lumières et de force*. La force qui doit accompagner les lumières, non-seulement pour que

Michel Chevalier

la civilisation ait de la puissance, mais pour qu'elle subsiste, prend différentes formes pour répondre à différens besoins. Un peuple avancé dans la civilisation doit être fort par le développement de son énergie industrielle, fort par la santé et par le tempérament robuste de ses populations. Il doit aussi être fort les armes à la main ; ce n'est qu'à cette condition que son gouvernement est respecté au dehors et même au dedans, car c'est un des effets de notre nature qu'en politique il n'y a pas de respect, s'il n'a plus on moins de crainte. Quand Napoléon, dans ses réflexions sur la bataille de Wagram, a dit que, dans la supposition de telle issue qu'elle aurait pu avoir ; *il n'y aurait plus eu d'empire d'Autriche, parce qu'il n'y aurait plus eu d'armée autrichienne*, il énonçait une pensée qui doit indéfiniment demeurer vraie dans la politique européenne, et qui, de nos jours du moins, est d'une exactitude parfaite. L'Autriche en fait bien l'épreuve de nos jours. C'est l'armée autrichienne qui sauve l'empire.

Certes, les armemens immenses que les princes de l'Europe ont maintenus en pleine paix, depuis 1830 particulièrement, étaient abusifs. Quatre cent mille hommes de troupes étaient trop pour la France, surtout du moment qu'en présence de la sédition finale on devait ne pas s'en servir. Le fardeau était excessif pour le pays. C'est là le côté condamnable de l'administration de juillet. Il ne faut rien outrer. Une armée est nécessaire : qu'on l'ait tout juste comme il la faut.

Mais, une fois reconnue la nécessité d'une armée, s'ensuit-il qu'on doive infliger aux populations la charge de la conscription qui enlève à leurs familles, à leurs carrières, à l'industrie nationale, la majorité des jeunes gens des classes pauvres pendant sept années ? Sans être un novateur téméraire, on peut contester que la conscription soit indispensable à l'effet désiré.

Et ici, ce n'est pas l'Amérique seulement que j'appellerai en témoignage, c'est une nation européenne, notre plus proche voisine, une nation qui a su mieux que toute autre allier *les lumières* et *la force*, afin d'en tirer ce composé merveilleux qui est la civilisation même, une nation qui aime la paix, et qui pourtant et plus conquérante en ce moment qu'aucune autre, l'Angleterre enfin. L'Angleterre n'a que l'enrôlement volontaire, et son armée n'en est pas moins solide. Elle a des soldats tant qu'elle en veut.

A cela on réplique que l'Angleterre est une île ; mais, insulaire ou continentale, en a-t-elle moins à contenir l'insubordination menaçante de l'Irlande ? Est-ce que l'Angleterre n'a pas dans tous les quartiers du globe des possessions innombrables dont Plusieurs sont difficiles à garder comme de vastes états ? Est-ce qu'elle n'a pas, de propos délibéré ou de nécessité, une politique de conquête rapide sur de gigantesques proportions, dans les vastes régions des Indes orientales ?

En France, sous l'ancien régime, c'était par l'enrôlement volontaire que se formait l'armée. Et l'on sait bien comment l'enrôlement volontaire a été remplacé par la conscription. Ce fut l'œuvre des deux gouvernements les plus despotiques qu'ait connus la France dans le cours de ses quatorze siècles, la convention et l'empire. Tous les deux en ont eu besoin pour exécuter leurs plans, l'un de propagande violente, l'autre de domination universelle. C'est à ce régime de l'enrôlement volontaire qu'on ramènera l'armée permanente de la France, lorsqu'on voudra sortir de la période révolutionnaire. On se plaint qu'on a aujourd'hui de trop jeunes soldats, car c'est une remarque à faire, beaucoup de nos hommes d'état trouvent que sept années de service c'est trop peu, que, pour bien faire, il faudrait prolonger d'une année, de deux, de trois, la durée pendant laquelle nos ouvriers et nos paysans sont retenus sous les drapeaux. Avec l'enrôlement volontaire, rien de plus naturel que de garder les soldats vingt ans. La vie de soldat serait alors une carrière. L'armée pourrait être, pour un même effet utile, beaucoup moins nombreuse. On en a la preuve par l'Angleterre. Ce n'est pas que nos conscrits, soldats involontaires, aient moins de courage que n'en auraient les enrôlés ; mais ils sont en grande partie débiles et chétifs. Les marches et les maladies en cas de guerre, causent dans les rangs un énorme *déchet* (je demande pardon de me servir de cette expression quand il s'agit de la vie de mes concitoyens) : c'est au moins un prétexte aujourd'hui pour grossir numériquement l'armée. Avec l'enrôlement volontaire, pour avoir un même effectif réel, on pourrait se contenter d'une armée moitié moindre. C'est encore l'exemple de l'Angleterre qui le prouve : avec son Irlande qui gronde, son Canada qui menace de lui échapper, avec ses combats du Cap, avec ses colonies de noirs qu'il faut surveiller, avec les positions militaires du genre de Gibraltar et des

Michel Chevalier

îles Ioniennes, qui ont besoin toujours d'une forte garnison, avec les trente mille hommes au moins que l'état prête à la compagnie des Indes, l'Angleterre n'a que cent trente mille hommes dans son armée de terre. Il lui en faudrait plus du double, si elle recrutait ses régiments par la conscription parmi les populations ouvrières de Manchester et de Leeds, ou parmi les classes pauvres de Londres.

Selon toute apparence, une armée d'enrôlés coûterait moins qu'une armée de conscrits, quoiqu'on dût faire aux soldats de plus grands avantages, leur assurer une meilleure paie, et à l'expiration de leur service une petite retraite. C'est qu'on se retrouverait du surcroît de dépense par tête par la moindre quantité.[1] Ainsi il n'y a pas d'objection financière contre ce retour à une institution qui a pour elle en Europe le passé et le présent. Quand même il y en aurait, eh bien ! ce serait la rançon d'un si grand nombre de sujets laborieux, qu'il ne faudrait pas hésiter à la payer ; pour la nation, ce serait une très bonne affaire.

Dans un pays d'égalité, il n'y a que deux modes possibles pour la composition de l'armée : le système prussien, qui y appelle forcément tout le monde, sans faculté de remplacement, et le système anglais, qui n'y appelle forcément personne. Je crois le second bien préférable au premier du point de vue militaire, parce qu'il doit donner de meilleures troupes. Le système prussien, en effet, ne garde et ne peut garder les jeunes hommes que deux ans sous les drapeaux ; ce n'est pas assez pour former de bons soldats, et, quant à l'avantage qu'il présente de façonner chaque citoyen à manier un fusil, nos barricades parisiennes en ont beaucoup diminué la valeur à mes yeux.

Entre la France et l'Amérique du Nord, la différence des institutions militaires, considérées sous le rapport de la liberté qu'elles laissent à l'homme industrieux, serait plus saillante encore, si c'étaient les armées de mer que nous comparions l'une à l'autre. Chez les Américains, la liberté des populations maritimes est la même que celle des gens de l'intérieur. Chez nous, c'est une servitude qui s'empare de tout homme de mer à dix-huit ans pour ne le lâcher qu'à cinquante. Pendant l'espace de trente-deux ans, on peut le ravir

---

1 Je n'ai pas à entrer ici dans les détails d'exécution ; mais on conçoit qu'on pourrait demander aux jeunes gens des familles riches qui se font remplacer une contribution égale a la somme que leur coûte aujourd'hui un remplaçant.

à ses intérêts et à sa famille pour l'embarquer sur les vaisseaux de l'état. Servitude glorieuse, direz-vous. Certes, il est glorieux d'être le serf de la patrie ; mais il serait encore mieux que la patrie renonçât à avoir des serfs, et j'ajoute : servitude non pas commandée mais réprouvée par la raison d'état. De tous les états constitutionnels, la France est le seul qui ait ce régime. L'économie qu'il procure au trésor n'est qu'apparente, et, pour la marine marchande ; il a des effets déplorables. Il dégoûte les hommes de la mer ; nos meilleurs matelots, amoureux de la liberté, fuient les rigueurs de cette dure loi, et vont servir sur les bâtiments marchands des autres nations. Si vous voulez achever de consommer notre décadence maritime, le plus sûr moyen est de garder le régime de l'inscription maritime ou des classes. Si vous désirez que la France redevienne une grande puissance sur mer par le nombre et la qualité de ses matelots, commencez par introduire dans le recrutement de votre flotte toute la liberté qu'il comporte. La liberté, la liberté vraie, voilà le talisman des temps modernes. La liberté vraie dans ce cas, c'est l'enrôlement volontaire que pratiquent avec succès les Américains, les Anglais, les Hollandais, tout ce qui compte à peu près, excepté nous, et c'est par des réformes de ce genre que vous pourrez espérer d'attacher les populations aux nouvelles institutions politiques qu'on leur donne à grands coups de révolutions.

Partie III
De la liberté dans ses rapports avec le système administratif

On voit par ces exemples ce que signifie la liberté dans l'esprit des Américains, et quelle en est la fécondité. Poursuivons la biographie du citoyen américain et l'appréciation de la liberté dont il jouit dans le cours de sa vie active.

Le citoyen américain, certain de ne pas être détourné de ses projets d'avenir par le service militaire, sera, supposons-le, un cultivateur : c'est le cas le plus ordinaire. Il est plein de résolution et d'opiniâtreté. L'isolement ne l'effraie pas. Il se sent d'un tempérament à braver même la fièvre qui s'acharne après le défricheur dans les terres vierges à fonds riche. Il part avec sa jeune femme, car il se marie de bonne heure, pour les régions où sont les terres publiques, pour ces vastes espaces de l'ouest que la génération précédente baignait de son sang quelquefois sous le fer des sauvages, mais où aujourd'hui la sécurité est complète. Il est impatient de se conquérir un patrimoine sur la solitude par son travail, et d'agrandir ainsi la richesse de la société, le domaine de la civilisation. Quel est l'accueil que fera la loi, la loi souveraine respectée, au beau zèle qui l'anime Quelle latitude, quelle liberté lui donnera-t-elle ?

Lui livrera-t-elle des terres gratis ? Non, elle les lui fait payer. Le prix n'est pas exorbitant ; la mise à prix des enchères est de 1 dollar un quart par acre, environ 16 francs par hectare, et il y a assez de terres à vendre pour qu'on s'en procure toujours au taux de la mise à prix. Le principe est même qu'on ne vend pas à crédit ; c'est au comptant. Le système de l'acquisition à prix d'argent a l'avantage d'attacher mieux l'homme au sol. Il a des inconvénients, et je dirai comment on y pare ; mais, si la terre était concédée gratuitement, on a pensé que le cultivateur y tiendrait moins, s'en séparerait plus aisément. A plus forte raison ne lui fait-on aucun don de maison, de bétail, de semences, de vires. Il vient là à ses risques et périls. Il abat des arbres, et des troncs se fait une cabane. Ses voisins, s'il en a, l'aident un peu, à charge de revanche, à charrier ses madriers. Du reste de la forêt, par l'embrasement, il fait des cendres qui engraissent la terre. Il vit péniblement d'abord, avec sa petite famille qui grandit, sur le sol qu'il a labouré ; mais le terroir fertile lui donne bientôt un excédent de provisions, et il le vend à un marchand, qui l'expédie à New-York ou à la Nouvelle-Orléans. L'impôt l'atteint à peine. Il fait quelques épargnes qu'il grossit à force d'industrie. Voilà pour un homme entreprenant et intelligent un commencement de fortune. Un peu de bonheur ou beaucoup de temps fera le reste, à l'aide du travail.

Il se peut cependant que l'homme qui émigre ainsi de l'est à l'ouest soit très pauvre, qu'il ne puise payer son lot de terre, même au prix de 16 francs l'hectare, car on n'en vend pas moins de 16 hectares, ce qui représente 256 francs. En sa faveur alors il y a une exception. On ne lui donne pas la terre ; on lui laisse prendre l'espace qui doit faire un bon domaine, en s'arrangeant de sorte qu'il ne puisse en esquiver le paiement. Il y a pour cet objet un double mécanisme, qui est simple et sûr.

Les terres fédérales, avant d'être mises en vente, sont découpées, sur les plans du cadastre et sur le sol même, en carrés qui ont un mille (1,609 mètres) de côté. J'omets les divisions supérieures C'est ce qu'on nomme la *section* ; on la sous-divise en quarts de section, qui font 160 acres ou 64 hectares. C ! est le lot qu'on met en vente aux enchères.

Notre jeune cultivateur arrive dans une contrée qui a été arpentée et divisée sur le sol par des bornes ou des signes faits au tronc des arbres. Si l'arpentage n'avait pas eu lieu, il lui serait interdit de s'établir là mais on a arpenté de quoi faire des empires. De deux choses l'une, ou la formalité de la mise aux enchères, qui se passe une fois pour toutes, a été accomplie, ou elle n'a pas encore eu lieu. Dans le premier cas, l'émigrant choisit le site et l'exposition qui lui plaisent. Il prend sa hache, et, suivant la pratique accoutumée, il renverse les arbres qui lui conviennent, s'en fait une cabane, met le feu au reste de la forêt, laboure le sol plus ou moins dégarni, et puis il va faire enregistrer sa déclaration au bureau terrien le plus proche. De ce jour, il se regarde comme propriétaire, et il est réputé tel, sauf le paiement à effectuer plus tard. Le droit de *préemption* lui est acquis. Le spéculateur qui vient le jour des enchères et qui jette un œil d'envie sur la petite plantation du *squatter* est privé de la faculté d'enchérir ; mais aussi de ce jour l'occupant est tenu de payer sur les bases de la mise à prix. On ne peut acquérir ainsi moins d'un demi-quart de *section* ou 32 hectares, à moins qu'il en reste un coin moindre de quelque section déjà vendue. On a mis quelques conditions à l'exercice du droit de préemption afin d'avoir la garantie que l'acquéreur soit bien réellement homme sans fortune, un véritable cultivateur, et non pas un agioteur en terres publiques. Je ne les indiquerai pas, ce n'est pas ce qui doit nous occuper ici : qu'il suffise de dire qu'elles n'ont rien de vexatoire, qu'elles se concilient très bien avec la dignité de l'homme et sa liberté.

Si la formalité de la mise aux enchères a été déjà remplie, l'émigrant procède d'une autre façon. Il explore le pays, fait choix de son quart ou demi-quart de section, et en prend possession tout comme dans le cas précédent. Aux termes stricts de la loi, il devrait faire sa déclaration dans l'année ; mais il allonge le délai autant qu'il peut : il n'y a pas, au milieu des forêts primitives, de police bien vigilante,

Michel Chevalier

pour le contraindre à être exact. Une fois sa déclaration inscrite, il paie dans l'année sans rémission. Pour acquérir ainsi des terres, il faut satisfaire aux mêmes conditions que pour la préemption.

Vu sur le papier, le système qui est en vigueur pour la disposition des terres publiques aux États-Unis n'offre précisément rien dont l'esprit s'émerveille. C'est sans prétention, c'est terre à terre. Il est bon pourtant de dire qu'on n'est arrivé à la forme définitive qu'après des tâtonnements qui ont duré bien des années. On l'a refondu bien des fois, et la loi actuelle est de 1841 seulement. En France, nos combinaisons administratives sont très belles sur le papier ; c'est un ensemble de contrepoids qui semble parfaitement coordonné. Tout s'équilibre et se contrôle, mais c'est à l'œuvre qu'il faut voir ces appareils pour les juger. Or, à l'œuvre, le système adopté en Amérique pour les terres publiques a un plein succès. Si vous en voulez la preuve, comptez les états qui se sont formés sur le domaine fédéral ; mesurez-en, si vous le pouvez, la prospérité, les progrès rapides.

L'excellence du système consiste en ce que le cultivateur venu de l'est, sans intrigue, sans protection, sans appui antre que son amour du travail et quelque peu d'argent, ne dépend, pour la satisfaction de ses vœux, du bon vouloir de personne, n'est subordonné aux pénibles mouvements d'aucune hiérarchie bureaucratique. Dans les deux cas dont je viens de rendre compte, il n'a qu'à aller de sa personne sur le terrain et à dire : Ceci est à moi, sauf paiement. La prise de possession lui vaut titre à perpétuité. Dans le cas de l'achat aux enchères, ou lorsqu'on n'est pas dans les conditions exigées pour exercer la préemption, ce n'est pas plus embarrassant. On se rend aux enchères ou chez le conservateur, on désigne le lot que l'on veut, et on reçoit une inscription qu'on remet à l'employé fiscal avec l'argent. Celui-ci délivre, séance tenante, deux récépissés, dont l'acquéreur donne l'un au conservateur et garde l'autre pour lui-même. C'est son titre, provisoire il est vrai : le titre définitif vient plus tard de Washington ; mais, avec le titre provisoire, on va occuper la terre, on la vend si l'on veut.

Nos possessions d'Afrique peuvent être et devraient être pour nous ce qu'est l'ouest pour les populations américaines. Émigrer de Paris ou de l'Alsace à Constantine n'est ni plus dispendieux ni plus long que d'aller de New-York ou de Boston dans l'Iowa ou le Wisconsin ; mais la longue filière de nos procédés administratifs est pour l'homme industrieux un épouvantail. Que de son département ou de l'Afrique il sollicite un lopin de terre, il l'attendra des années parce que des années se passeront avant que les ingénieuses formalités tissées par les ordonnances aient toutes été remplies, avant que la bureaucratie ait prononcé son *fiat*. Nous faisons en France les affaires administratives par une méthode qui rappelle la classique machine de Marly, dont on venait de deux cents lieues à la ronde admirer l'agencement des leviers et des roues et écouter le vacarme. Au lieu de cela, les Américains ont une bonne machine à vapeur bien simple, point encombrante, qui fait cent fois moins de bruit, remue cent fois moins de papier et fait cent fois plus de besogne. Pour en revenir à notre sujet, le mécanisme américain ménage extrêmement le temps et la liberté du citoyen. Je ne mets pas doute qu'une des raisons pour lesquelles les populations agricoles de la France, de la Suisse, de l'Allemagne, restent si froides pour nos terres d'Afrique, c'est qu'on ne s'y établit pas librement. Le gouvernement donne gratis des terres, des semences, du bétail, mais il ne donne pas la liberté d'acquérir ce qu'on veut, de se mettre où l'on veut, quand on veut et comme l'on veut. C'en est assez pour que ses dons soient dédaignés.

Cette réserve extrême de l'autorité à l'égard des entreprises du citoyen se retrouve de toutes parts dans la société américaine, lorsqu'il s'agit du travail et de la production de la richesse. Le citoyen, pour tout ce qui tient au travail, reste investi d'une liberté très grande. C'est un des cachets distinctifs de cette société, et, ce qui rend le fait plus remarquable, pour la consommation et le plaisir, la liberté ne demeure plus la même. Les lois et plus encore les mœurs fixent des bornes ; on verra bientôt comment.

La réserve de l'autorité est d'autant plus grande que l'autorité est plus éloignée. Les attributions des autorités locales sont relativement étendues. Telles elles sont notamment dans les six états dont le groupe est communément désigné sous le nom de la Nouvelle-Angleterre ; or ce groupe exerce sur les mœurs du pays une influence prépondérante, et, plus que tout le reste, il a contribué à faire l'Amérique ce qu'elle est. Là, chaque commune est par elle-même une espèce de république indépendante.[1] Pris dans

---

1 Je renvoie à *la Démocratie en Amérique* le lecteur qui voudra savoir ce qu'est la

son unité, chacun des trente états a une indépendance plus grande encore par rapport au gouvernement national séant à Washington. Celui-ci est restreint à un très petit nombre d'attributions générales très bien définies, dont il ne peut transgresser les bornes. Ainsi, les déclarations qui peuvent être nécessaire pour certains actes, les autorisations dont l'intérêt collectif de la société exige que chacun, en tout pays, fasse précéder certaines natures d'entreprises, on n'a pas en Amérique à les notifier loin de soi ou à les solliciter à grande distance. En cas de contestation, on n'a pas une juridiction administrative qui procède avec lenteur, ou s'adresse aux tribunaux. Toutes les formalités sont simplifiées, les écritures réduites à rien. Les affaires dans lesquelles la permission ou l'intervention quelconque de l'autorité est requise ne durent pas en Amérique plus de semaines qu'il n'y faudrait d'années en France Pour éclaircir les idées, je prends un exemple

Voici un propriétaire qui est riverain d'un cours d'eau non flottable ni navigable. Il veut y établir un barrage, afin d'en détourner une partie sur son terrain. En Amérique, il le peut sans avoir un mot à dire, un signe à faire à une autorité quelconque. Supposons cependant qu'il y ait une permission à obtenir ; ce sera dans la commune tout au plus au chef-lieu du comté, qui a à peine la grandeur d'un de nos arrondissements. La question se videra entre le propriétaire et un conseil municipal, ou un magistrat du comté. En cas de difficulté elle irait devant un tribunal ; dans le cas où l'autorité compétente opposerait une excessive lenteur, ce qu'on peut considérer comme un déni de justice, elle y pourrait être amenée de même. Chez nous, il faut mettre en mouvement une mécanique qui comprend huit fonctionnaires divers, le maire, le sous-préfet, le préfet et ses bureaux, l'ingénieur ordinaire des ponts-et-chaussées, l'ingénieur en chef, le ministre des travaux publics, le conseil de l'état, le chef de l'état. Il faut une enquête solennelle, non, il en faut deux. Il y a un formulaire minutieux auquel il ne faut pas manquer ; si on ne l'observe pas, ou si l'on ne s'y conforme dans le sens qu'imaginera le chef du bureau à Paris, le dossier retourne a son point de départ, en décrivant le même circuit. Contre l'inattention ou la paresse d'un maire, nul recours. Il lui plaît de conserver un dossier six mois, un an, tant pis pour vous.

commune dans la Nouvelle-Angleterre.

Il est connu qu'une petite affaire de ce genre ne dure jamais moins de plusieurs années, et remarquez que je vous parle d'un cours d'eau qui ne soit ni flottable ni navigable. Je connais un propriétaire qui fit sa demande au mois de mars 1844 ; au mois d'août 1848, il a reçu… l'autorisation, croyez-vous ? non pas, l'ordre de payer au receveur de l'enregistrement la somme de 468 francs pour les frais encourus jusqu'à ce jour. L'autorisation viendra quelque jour à ses enfants, non sans de nouveaux frais. La surface à arroser n'est pas de deux hectares ; combien d'années faudra-t-il pour que le produit de l'arrosage compense au propriétaire sa dépense et ses ennuis ?

Ce fait que je rapporte, et dont j'ai eu les preuves en main, n'est pas un accident ; c'est la vie du citoyen français. On assure qu'il est indispensable à la grandeur de la France et à l'ordre dans l'état qu'il y ait une centralisation. Je le crois, mais je veux savoir laquelle. L'administration des terres publiques aux États-Unis est centralisée à Washington ; elle l'est sans nuire à personne, sans gêner les citoyens dans l'exercice de la liberté, qui leur appartient, d'acquérir, en se conformant aux lois, des terres pour les cultiver. Elle ne sert pas de prétexte à une bureaucratie compliquée, minutieuse, paperassière. Pour justifier les vices de la centralisation telle que nous l'avons depuis un demi-siècle, on a cité à la tribune quelques sottises qu'elle a empêchées, et l'exemple qu'on a fait valoir à la tribune de ce maire de Bretagne qui voulait imiter dans son village les monuments de Paris est fort pittoresque ; mais ne voit-on pas que, pour prévenir quelques abus possibles, on a organisé un abus certain et permanent, une atteinte systématique à la liberté d'agir et de travailler ?

Sous le rapport politique, nous avons tous été élevés dans l'adoration de la centralisation absolue ; les bons esprits en reviennent et appellent de tous leurs vœux une centralisation tempérée. Les exagérations de la centralisation sont dues à ces deux gouvernements d'un rare despotisme que j'ai déjà cités plus haut, la convention et l'empire. C'était nécessaire à la lutte qu'ils soutenaient contre toute l'Europe, et où ils s'étaient précipités de leur plein gré par orgueil, par ambition ou par l'effet de passions furieuses ; mais c'est inutile, c'est funeste dans un état qui veut être libre, où les citoyens sont jaloux d'exercer leurs facultés sous l'égide des lois.

Michel Chevalier

Je ne puis désormais voir dans la centralisation absolue qu'un engin d'asservissement. Elle accoutume une nation à l'obéissance passive. Il y a dans la capitale une grande roue qui tourne, et dont tout suit servilement la rotation, des rives du Var aux rochers du Finistère. Qu'on soit le maître de la roue, et on sera maître de la France. Qu'une poignée de factieux ou d'ennemis de la société parvienne ; par la somnolence, l'incurie ou l'ineptie des gardiens de la machine, à mettre la main dessus, et les voilà dictateurs. O douleur ! ô ignominie ! les hommes qui aiment la liberté n'ont plus qu'à courber la tête, la machine leur a mis les fers aux pieds et aux mains ! Voilà les effets politiques de la centralisation absolue.

Les exemples qui précèdent montrent déjà ce que c'est que la liberté à l'américaine (je devrais dire à l'anglo-saxonne), à quel point elle diffère de cette liberté sauvage dont le principal exercice est de détruire le gouvernement établi ; d'alarmer les gens paisibles, de menacer tout ce qui est, de donner cours à la turbulence d'une poignée d'agitateurs. Dans l'une, je vois la puissance d'élever et de fortifier l'individu et l'état ; dans l'autre, je ne puis apercevoir que la faculté de faire le sac de la société et de dégrader l'homme.

Continuons cette biographie de l'homme industrieux. Nous savons maintenant qu'en Amérique la loi militaire et le système administratif, notamment le mode de vente des terres publiques, lui accordent beaucoup de latitude, beaucoup de liberté. Indiquons à quel point il est libre de suivre la profession de son goût et les entreprises qui lui conviennent.

Partie IV
La liberté dans le choix des professions et des entreprises

En Amérique, le principe général est que les professions sont libres. On n'y rencontre rien qui ressemble aux anciennes corporations closes d'arts et métiers que la révolution glorieuse de 1789 renversa chez nous, des liens desquelles l'Angleterre s'était déjà dégagée, et qui, depuis soixante ans, ont été abolies successivement dans l'Europe occidentale. Je ne sache pas qu'il ait jamais existé aux États-Unis rien de semblable, même à l'origine. L'eût-on voulu, on ne l'aurait pas pu ; l'esprit d'indépendance des colons n'était pas seul à l'interdire ; la division du travail, que suppose le système des corporations, est impraticable dans un état naissant où la population manque et où chacun doit se suffire à lui-même.

Les privilèges et les monopoles sont repoussés par l'esprit général de la législation particulière des états et de la législation fédérale. Si, par surprise ou par abus, un état particulier conférait à quelqu'un le privilège exclusif d'une fabrication ou d'un travail quelconque, on chercherait et on trouverait le plus souvent le moyen de traduire l'acte à la barre de la cour suprême des États-Unis, qui ferait de son mieux, dans les bornes de la légalité, pour le frapper de nullité comme inconstitutionnel.

Cependant il n'y a rien de formel dans la constitution des États-Unis pour garantir la liberté des professions. Il n'en est pas fait mention explicite dans l'article VIII, qui énumère les pouvoirs du congrès, ni dans les articles additionnels (*amendemens*), qui détaillent les franchises du citoyen américain. Ce silence est surprenant. Est-ce une inadvertance du législateur ? ou bien les hommes immortels qui firent la constitution jugèrent-ils que la liberté des professions était tellement entrée dans les mœurs, qu'il était superflu de l'inscrire dans la loi ? ou s'arrêtèrent-ils à la difficulté de fixer le point ou la liberté cesserait pour faire place à l'esprit réglementaires ? Le fait est que la lacune existe, que du point de vue des principes il serait mieux qu'on l'eût remplie. Il s'agit, en effet, d'une liberté tout aussi essentielle que peuvent l'être celle le parler et d'écrire, celle de se réunir, celle de porter des armes, en faveur desquelles, la constitution fédérale contient des stipulations expresses ; mais, si le législateur constituant a compté sur la puissance des mœurs, son attente n'a pas été déçue. Bien rarement le monopole a trouvé le moyen de se glisser dans la place en se parant de couleurs faites pour séduire, et la lettre de la constitution a finalement fourni ce qu'il fallait pour l'en faire déguerpir. En voici un exemple.

Une des causes les plus célèbres dont les tribunaux américains aient retenti est celle des héritiers du célèbre Fulton, qui avait doté le Nouveau-Monde et la civilisation d'un instrument admirable, le bateau à vapeur. Dans un transport de reconnaissance, l'état de New-York au sein duquel s'étaient passées les expériences coûteuses de Fulton et où le succès définitif de l'invention avait été constaté, lui avait donné un monopole exclusif, qui naturellement s'arrêtait aux frontières de l'état, et qui devait expirer après un assez long délai. L'antipathie des citoyens contre le monopole en général fut plus forte que le sentiment des obligations qu'on avait à cet homme ingénieux et persévérant. De là une suite de procès. Les adversaires du monopole soutenaient que les actes par lesquels la législature avait conféré cette faveur à Fulton[1] étaient contraires à la constitution particulière de l'état. La cause suivit toutes les juridictions dans l'état, et, en 1812, il fut déclaré en dernier ressort que la législature n'avait point excédé ses pouvoirs, qu'ainsi le privilège était valable et serait maintenu ; mais les antagonistes de l'esprit de monopole ne se tinrent pas pour battus. On prit un détour pour faire arriver la cause par-devant la cour suprême des États-Unis. Un bateau à vapeur fut enregistré parmi les navires de cabotage, dans un petit port de l'état de New-Jersey, qui est limitrophe de l'état de New-York, et il se présenta pour naviguer sur le fleuve Hudson, qui coule entre New-York et Albany. Les héritiers de Fulton, car Fulton était mort laissant son privilège pour unique fortune à sa veuve et à ses enfants, ayant voulu s'y opposer, les plaidoiries recommencèrent. On se prévalut alors de l'article de la constitution fédérale (article VIII, § 3) qui attribue au congrès seul le pouvoir de statuer sur tout ce qui concerne le commerce entre les divers états ; et d'une loi fédérale faite, en 1793, en vertu de ce pouvoir. La cour suprême des États-Unis, se plaçant elle-même à ce point de vue, prononça, en 1824, que les lois de l'état de New-York, d'où Fulton tenait son privilège, étaient nulles à l'égard de l'objet en cause. Dans la circonstance, c'était les frapper d'une nullité absolue.

Cette issue a été citée quelquefois comme une preuve de l'ingratitude de l'Amérique, car que ne doit-elle pas à Fulton ! Le bateau à vapeur, n'est-ce pas une nouvelle découverte du nouveau continent ? Sans le bateau à vapeur, qu'est-ce que serait l'immense vallée du Mississipi, qui est la plus belle partie de l'Union, et qui en superficie elle représente les trois quarts ? Je crois cependant que l'exemple est mal choisi. Les États-Unis ont, dans leur histoire, des

---

1 Il n'y avait pas eu moins de cinq lois à cet effet, de 1798 à 1811. Le succès définitif de Fulton est de 1807. Il fit alors en trente heures le voyage de New-York à Albany, qu'on fait aujourd'hui en huit.

traits d'ingratitude de même que tous les peuples. Ici cependant, la législation américaine, telle qu'elle fut interprétée par la cour suprême des États-Unis, non-seulement ne fut pas inique mais fut la gardienne de la liberté. *Dura lex, sed lex*. Il fut pénible de l'appliquer à la famille de Fulton ; mais ce fut juste et sage. Avec des précédents pareils aux actes qu'avait passés la législature de New-York, la porte était ouverte à mille abus, à mille atteintes contre la liberté du travail. La législature de New-York s'était égarée dans son désir de témoigner à Fulton le prix qu'elle attachait à sa découverte. Elle lui avait donné ce dont il ne lui appartenait pas de disposer ; elle avait dépouillé les citoyens d'un droit naturel. La cour suprême des États-Unis remit toute chose à sa place. Que penserions-nous de l'assemblée nationale, si, pour témoigner la gratitude de la France à quelqu'un de nos généraux, elle lui décernait un fief ou restaurait pour lui de toute autre manière des institutions incompatibles avec le droit commun ?

Partie V
La liberté des professions à l'égard des offices et des professions libérales pour lesquelles en Europe on doit être gradué

Le privilège qui, en France, résulte de la vénalité des charges instituées à titre onéreux par la loi du 8 avril 1816, et, en divers autres pays, s'appuie sur des règlements qui ont fixé, dans un intérêt public réel ou supposé, le nombre des personnes admises à exercer de certains ministères, n'existe pas aux États-Unis. Chacun est libre de se faire commissaire-priseur, agent de change, huissier, avoué, notaire, autant que ces professions ont leurs analogues en Amérique, car le mécanisme judiciaire et ministériel y est tout différent.[1]

1 Ainsi, le notaire, qui, chez nous, est un agent nécessaire dans les conventions civiles des particuliers, ne se retrouve pas, à proprement parler, en Amérique. On passe les actes sous seing-privé comme on le veut, et on les fait enregistrer soi-même au greffe d'un tribunal. Il y a des *notaires publics* dans la plupart des états. Leurs attributions se restreignent à passer les actes qui doivent faire foi dans un autre état, aux procurations, et à recevoir de certaines dépositions. Il est dans la nature des choses qu'ils soient considérés comme des fonctionnaires et nommés de la même façon. Ils tiendront leur mandat du gouverneur, par exemple, assisté de

Michel Chevalier

La tendance, aujourd'hui, est de supprimer même les garanties que la société avait cru devoir exiger de l'homme qui aspire à défendre la veuve et l'orphelin, ou de celui qui prétend instrumenter la vie de ses concitoyens. Sur ce point, chaque état fait ses lois comme il l'entend. L'autorité fédérale ne pourrait intervenir, en la personne de la cour suprême des États-Unis, que si quelqu'un des principes généraux posés par la constitution des États-Unis était violé. Comme il y a trente états, il y a donc trente législations. Elles ont, presque dès l'origine, été beaucoup plus faciles pour l'octroi des diplômes qu'on ne l'est en Europe. La facilité cependant résidait plutôt dans les hommes qui appliquaient la loi que dans la lettre de celui-ci, du moins pour les gens de loi. Dans le Massachusetts (je cite de préférence les états les plus éclairés), pour être avocat, il fallait, jusqu'en 1836, avoir été reçu *bachelier ès-lois* dans une université, ou avoir bien effectivement passé un certain nombre d'années dans le cabinet d'un praticien qui présentait ensuite le candidat à la cour. Pour exercer la médecine, ou, ce qui est déjà différent, pour avoir le droit de poursuivre un client en paiement d'honoraires, il fallait avoir acquis ses grades au collège médical qui fait partie de l'université de Harvard, voisine de Boston. Aujourd'hui on est avocat, dans le Massachusetts, sous la seule condition de passer un examen public devant un jury d'hommes de lois, choisi à chaque session par le juge. Quant à la médecine, la clause d'un examen n'est plus nécessaire, même pour la revendication des honoraires : depuis 1836, la petite barrière qui séparait l'exercice de cette profession d'une liberté complète a disparu.

Dans l'état de New-York, depuis 1846 seulement, la profession d'avocat est devenue à peu près libre. Il fallait jusque-là avoir conquis ses degrés dans une université. Actuellement, pour acquérir le droit de plaider, l'on n'a qu'à subir un examen dont tout homme intelligent qui aura parcouru quelques ouvrages de jurisprudence pendant un mois se tirera sans peine. Si je suis bien informé, les avocats de New-York, au lieu de s'opposer à l'abolition de ce qu'ils eussent pu considérer comme leur privilège, se sont hautement prononcés pour la liberté ; mais ils ont demandé qu'on abolît en même temps le tarif qui fixait légalement le prix de leurs services, afin que la libre concurrence fût la loi de tout point. A la

---

son conseil, pour un nombre d'années déterminé.

même date, les lois spéciales qui pouvaient restreindre l'exercice d'autres professions libérales ont été révoquées de même dans cet état.

Après avoir cité ces exemples, je ne puis m'empêcher de dire que je regarderais comme infiniment prématuré de calquer la liberté française sur la liberté américaine à l'égard des professions que je viens d'indiquer. Cependant, qu'on y réfléchisse bien, là où le suffrage universel est à sa place, c'est-à-dire là où il est dans les mœurs, où il fonctionne régulièrement appliqué à toute chose, cette pleine liberté des professions, de celles même que la société européenne a cru devoir réserver, est de droit. Comment ! vous supposez que tout citoyen de vingt et un ans possède les lumières et le discernement qu'il faut pour choisir les officiers de la milice, le shérif, le juge de paix, le maire et les conseillers de sa commune, la législature de son état et de la fédération, le gouverneur de l'état, le président de l'Union[1] et vous lui dénieriez l'intelligence pour savoir si tel ou tel, qui se dit dans sa localité bon à plaider une cause, mérite qu'il lui confie le soin de son affaire propre ! Vous tenez pour certain que le commun des hommes saura éconduire les charlatans politiques, et vous ne voudriez pas qu'il sût se défier des empiriques qui s'attribuent une puissance particulière sur la fièvre ! C'est en suivant la pente de ce raisonnement qui, du point de vue de la logique, est irrésistible, que les Américains ont été conduits à reculer ainsi les limites de la liberté des professions. Le temps dira s'ils ont trop présumé de la sagacité nationale.

Jusqu'ici, en exposant comment la liberté est conçue et pratiquée aux États-Unis, je n'ai eu qu'à louer, soit d'une manière absolue, en recommandant ce que fait cette nation à l'imitation plus ou moins exacte de l'Europe ; soit d'une manière relative, en reconnaissant que cette extension extrême de la liberté offrait pour l'Amérique de grands avantages avec peu d'inconvénients, sans qu'il fût permis

---

1 Dans l'état de New-York, d'après la nouvelle constitution (1846), toutes les fonctions publiques, à peu près sans exception, sont livrées à l'élection, au suffrage universel de l'état en masse, ou d'une certaine circonscription. Indépendamment des fonctionnaires que je viens d'énumérer, c'est ainsi que se nomment les ministres de l'état, les administrateurs des canaux de l'état, les inspecteurs des prisons, les magistrats à tous les degrés, les secrétaires de comité, les coroners, les procureurs de comté, à plus forte raison les officiers de la milice. Dans la plupart des états, la magistrature n'est cependant pas élective.

Michel Chevalier

cependant d'en rien conclure de formel quant à l'Europe. J'aborde maintenant un sujet sur lequel la législation américaine prête le flanc à la critique, pour s'être inspirée plus d'une fois de passions hostiles à la liberté.

Partie VI
De la liberté des associations industrielles

Le cas se présente souvent où des entreprises sont au-dessus des forces d'un homme seul, surtout en un pays où la loi favorise la division de fortunes. C'est alors qu'il y a lieu de s'associer. La liberté de s'associer est un des attributs essentiels de l'homme civilisé, un des premiers besoins de l'homme industrieux, un des plus puissans leviers de production. En principe, elle est garantie par la constitution fédérale d'une manière indéfinie, car c'est le sens qu'il faut donner à la faculté de se réunir qui est stipulée dans le premier article additionnel. Cependant l'exercice du droit d'association soulève des questions multipliées, et heurte de certaines passions qui sont redoutables dans un pays démocratique. L'Amérique présente ainsi, au sujet de l'association, des phénomènes multiples et complexes ; nous allons voir que c'est un terrain sur lequel son libéralisme a eu des faiblesses regrettables.

Le penchant à s'associer et très fort parmi la race anglo-saxonne. C'est une des causes les plus efficaces de la grandeur qu'elle a acquise dans les deux hémisphères, non-seulement en industrie, mais aussi dans la politique. Un des plus éminents jurisconsultes qu'aient eus les États-Unis, le chancelier Kent, de l'état de New-York, remarque, à propos de l'association industrielle, qu'elle a eu dans l'Union américaine des progrès parallèles à ceux de la richesse et de la civilisation. Tant qu'il ne s'est agi que d'associations simples analogues à nos sociétés en nom collectif ou en participation, à la faveur desquelles cinq, dix, vingt personnes ou plus sont assimilées, devant la loi, à une personne unique, la loi américaine, dans tous les états, est devenue de plus en plus commode et facile;[1] mais, à

---

1 Il n'y a cependant encore que la moitié des états qui aient acquis notre société en commandite, dont les avantages sont grands ; la loi anglaise ne reconnaît pas cette forme de société, qui a été imitée de nous dans le Massachusetts, le New-York, la Pensylvanie, la Louisiane et dix ou douze autres états.

propos des *compagnies incorporées* ou *corporations* qui répondent à nos sociétés anonymes et ont de même besoin d'une autorisation qu'en Amérique une loi spéciale peut seule décerner, la politique américaine a fait un écart. Dans l'origine, l'usage était de favoriser ces sociétés, lorsque, il y a quinze ou vingt ans, l'opinion dominante en prit ombrage Quelques-unes de ces compagnies, de la classe de celles qui font la banque, avaient commis des manquements gravés. L'esprit de parti s'en est saisi et les a fait éclater aux yeux de la multitude pour exciter ses passions, à la manière du toréador espagnol qui agite un voile rouge devant le robuste et majestueux animal qu'on vient de lancer dans le cirque afin de le rendre furieux. On a ainsi allumé en Amérique la querelle, qui chez nous est devenue si menaçante, du travail contre le capital. On a dépeint le capitaliste comme un ennemi de l'ouvrier. On a étalé aux regards de la multitude le tableau de *l'exploitation de l'homme par l'homme*. « On a dit enfin tout ce qui chez nous, à la suite du 24 février, a éclaté à la face du soleil, en répandant la consternation parmi les hommes industrieux et paisibles et en ébranlant la société jusque dans ses fondements.

Comme en Amérique la foule est beaucoup moins dépourvu d'instruction qu'en Europe, comme il est possible, par beaucoup de raisons, d'y mieux rétribuer le travail matériel, comme la race anglo-saxonne, quand elle est sans mélange, a bien plus que la nôtre le respect de la loi et de l'ordre établi ; comme enfin parmi les Anglo-Saxons la résistance au désordre matériel, s'il venait à se ruer sur la société, serait immédiate et énergique, les déclamations des démagogues contre les capitalistes et contre les compagnies en général n'ont point, de l'autre côté de l'Atlantique, occasionné les mêmes excès dont la France a été la victime. Elles ont cependant déterminé des démonstrations coupables et des actes législatifs dignes de blâme.

Dès l'origine, le législateur avait procédé, dans l'octroi des autorisations, avec une prudence qui empêchait l'influence des compagnies de devenir dangereuse. On évitait autant que possible de leur conférer un privilège exclusif. Ainsi on permettait à des particuliers de se constituer en corporation pour faire la banque ; mais à côté, dans la même ville, on créait une deuxième banque, une troisième, une vingtième. Pour déterminer des capitalistes à

Michel Chevalier

creuser un canal ou à ouvrir un chemin de fer, on a dû leur donner quelquefois une garantie contre la concurrence ; mais, dans tous les cas, quoique la propriété des voies de communication soit, comme toute autre, à perpétuité, le privilège, s'il existe, est temporaire.

Un peu plus tard, le législateur eut lieu de craindre que des autorisations données trop facilement ne devinssent un encouragement à l'agiotage, pour lequel l'Américain a du penchant. Il est même permis de supposer, je le dis d'après une autorité illustre, M. Gallatin, que quelques-uns des membres des législatures se laissaient corrompre par des faiseurs de projets et surtout par les fondateurs des banques. Ce fut alors que dans plusieurs états, dans celui de New-York entre autres (en 1821), on établit que, pour les actes d'autorisation, il faudrait une majorité des deux tiers de la législature. Dans plusieurs états, on a soumis les actionnaires à une responsabilité illimitée, tandis que, dans les sociétés anonymes de la France ou dans les compagnies incorporées de l'Angleterre, l'obligation va tout au plus au montant du capital souscrit par chacun. La convenance de cette innovation du législateur américain est très contestable. Elle tend évidemment à effrayer les capitaux et à les écarter. Elle était fort impolitique à une époque où l'Amérique s'efforçait, pour susciter son industrie et vivifier son sol, d'attirer les capitaux étrangers.

On a eu une inspiration plus conforme à la raison et à la liberté, quand on a cherché un système qui dispensât les compagnies, ou certaines catégories d'entre elles, d'une autorisation législative spéciale. C'est ainsi que dans, l'état de New-York, depuis 1838, il est licite au premier venu d'établir une banque et d'émettre des billets, sous certaines conditions qui sont fixées par une loi générale. Avec ce système du moins, personne ne peut crier au privilège et au monopole. Il y a un droit commun qui, comme le soleil, luit pour tout le monde.

Mais ce qu'on déplore d'avoir à signaler dans la législation américaine, c'est l'introduction systématique dans les actes d'autorisation d'une clause visiblement dictée par le génie de l'arbitraire, telle que celle-ci : *A toute époque, la législature aura le droit de réviser, d'amender et même de révoquer l'acte d'autorisation.* Un article pareil serait à sa place dans un firman du grand-seigneur : il est déplacé dans les lois d'un peuple libre ; il est contraire à cet axiome de jurisprudence admis chez tout peuple qui a le sens de l'équité, *donner et retenir ne vaut* Le chancelier Kent qualifie sévèrement cette disposition et montre comment la législation américaine y imprime un caractère particulier de spoliation.[1] L'article n'en est pas moins devenu à la mode dans un grand nombre d'états de l'Union, même des plus renommés. Il convient de dire qu'il n'en a pas été fait usage encore une seule fois, et si quelqu'un des états voulait s'en servir d'une façon qui fut manifestement attentatoire au droit de propriété, on obtiendrait probablement de la cour suprême des États-Unis, gardienne austère du droit public, un arrêt qui déclarerait la tentative inconstitutionnelle. Il ne paraît pas que les capitalistes américains s'en soient précisément alarmés, puisque de nouvelles compagnies se forment. Il n'en est pas moins vrai que l'adoption de cette clause en Amérique est d'un funeste augure. C'est du despotisme tout pur ; c'est la preuve que la pernicieuse influence des démagogues réussit à dominer quelquefois les conseils des états.

Dans quelques-uns des états, plutôt que d'avoir des corporations investies de pouvoirs où il serait possible à d'ombrageux amans de la liberté d'apercevoir une espèce de monopole, et aux tribuns de trouver un texte pour leurs déclamations, on a réservé à l'état lui-même les entreprises qu'ailleurs on confie communément à des associations de capitalistes. Dans deux états de l'ouest, l'Indiana et l'Illinois, la constitution interdit toute banque autre que celle que l'état jugera à propos d'établir avec ses propres fonds. Dans l'Iowa, la prohibition est, s'il se peut, plus absolue encore contre les banques. Souvent l'état s'est attribué le confectionnement et l'exploitation de certaines voies de communication considérées comme les artères du commerce. Mais les banques d'état ont complètement échoué. Pour s'être mêlé d'opérations de crédit, l'état de Mississipi s'est ruiné sans pouvoir dire : *Tout est perdu fors l'honneur.* L'attribution à la communauté des voies de communication a obéré les finances de plusieurs états, notamment de la Pensylvanie, de l'Indiana, de l'Illinois ; elle les avait même réduits à la banqueroute : elle n'a été justifiée par le succès que dans un nombre restreint de cas où l'industrie privée eût été impuissante à réunir les fonds nécessaires, et où la grandeur du mouvement commercial a

---

1 *Commentaires on American Law*, tome II, page 306.

Michel Chevalier

permis au gouvernement de faire de belles recettes avec un tarif de péage inférieur à celui qu'il eut fallu d'avance accorder à des particuliers, afin qu'ils entreprissent l'œuvre. Le grand canal Erié, dans l'état de New-York, est un éclatant exemple du concours de ces deux circonstances ; mais l'état de New-York lui-même a autorisé un très grand nombre de compagnies de travaux publics auxquelles il a accordé des clauses assez avantageuses pour qu'elles aient prospéré. Dans cet état donc, il n'y a point eu d'exclusion systématique contre les compagnies de travaux publics. De même dans la Pensylvanie. Dans le Massachusetts et dans la Virginie qui sont des états influents et où l'on est plein de sollicitude pour les saines doctrines républicaines, l'état est intervenu pour assister l'esprit d'association qui n'avait que des ressources insuffisantes, et, à cause des dimensions du territoire par rapport à la population, avait beaucoup à dépenser. Pourtant il n'a rien entrepris de sérieux par lui-même en fait de canaux et de chemins de fer ; c'est par les mains des compagnies que tout a été exécuté dans ces deux états éclairés. L'exclusion même, au lieu de se produire franchement ailleurs où elle était dans la pensée du législateur, s'est déguisée sous des stipulations tracassières et des exigences inacceptables. C'est qu'on sentait bien que la faculté de s'associer est un attribut essentiel de l'homme libre, et l'on n'osait pas nier manifestement cette liberté précieuse, sous prétexte de servir la liberté.

La tentative d'investir l'état de monopoles industriels n'a pas été étendue à d'autres objets que les banques et les voies de communication. Les états particuliers n'ont pas de marine, ils n'ont pas le droit de battre monnaie. Seule, l'Union a des chantiers de construction et des hôtels de monnaies ; et ce sont les seules fabrications auxquelles elle se livre. Encore n'est-ce pas elle qui manufacture les machines à vapeur qu'il lui faut pour sa flotte. Ainsi l'Union a des arsenaux maritimes, elle n'a pas de fonderies comme la nôtre de Ruel, ni d'établissements de construction du genre d'Indret. Elle fait le service des postes ; mais tout y est à l'entreprise. La fabrication de la poudre est une industrie libre en Amérique, de même que celle des armes jusques et y compris le canon de tout calibre, à plus forte raison le commerce de ces deux articles, armes et poudre. Je cite le fait sans prétendre qu'il puisse être imité chez nous. Il y a parmi nous une minorité imperceptible par le nombre, infinie par l'audace et la turbulence, qui, si on laissait aux citoyens la faculté de faire ou de détenir de la poudre et des armes, s'en servirait infailliblement pour de sinistres desseins.

Les monopoles que se sont attribués les gouvernements de plusieurs pays de l'Europe dans une pensée fiscale, comme le monopole des tabacs, en France, ou celui des voitures publiques en Allemagne, sont complètement inconnus en Amérique.

Les assurances sont très multipliées aux États-Unis ; l'assurance y est dans les mœurs beaucoup plus que sur le continent européen, et, pour ce qui est de l'incendie, il serait imprudent de ne pas la pratiquer, car c'est incomparablement le pays au monde où l'on entend le plus crier au feu. Il ne se passe pas d'année sans qu'on y ait à enregistrer quelque conflagration effroyable. Qui ne se souvient du grand incendie de décembre 1836 à New-York, où le sinistre fut de plus de 100 millions de francs ? L'année passée (1848) fut marquée par trois ou quatre incendies terribles, à Albany, à Brooklyn et ailleurs. Il y a peu de semaines, les journaux nous ont rapporté qu'un quart de la magnifique ville de Saint-Louis du Missouri venait d'être dévoré par les flammes ; on estime la perte à 32 millions. L'assurance contre l'incendie est donc d'intérêt universel en Amérique. Je ne sache pas cependant qu'il y ait jamais été question d'en décerner le monopole à l'état, pas plus que d'un mode d'assurances quelconque. Sous ce rapport, comme sous bien d'autres, nos financiers de 1848 puisaient leurs inspirations républicaines ailleurs que dans les lois et les usages de la puissante et glorieuse république fondée par les Washington et les Franklin.

Liberté, liberté extrême, liberté illimitée dans le travail et dans l'emploi des capitaux, voilà, malgré quelques anomalies, l'esprit général de la législation des États-Unis. Pour les fonctions publiques même, on a élaboré et enseigné, en Amérique, une théorie de la *rotation*, qui aurait pour effet d'y faire successivement passer à peu près tout le monde, et je me souviens de l'avoir vu soutenir dans un message solennel du général Jackson ; mais ce n'est qu'une caricature de la liberté des professions, et aujourd'hui personne plus n'en parle.

Michel Chevalier

Partie VII

Des restrictions apportées par les lois et par les mœurs à l'exercice de la liberté

J'ai montré qu'en Amérique le citoyen jouit, dans sa personne et dans son domicile, d'un très haut degré de liberté, et que l'homme industrieux y possède, dans l'emploi de ses facultés et dans la poursuite de la richesse, une liberté extrême. Est-ce à dire que chacun y puisse suivre son caprice, s'abandonner à sa cupidité et déchaîner ses passions ? Non certainement. Il y a plusieurs forces toujours en éveil qui contiennent l'individu ; mais qui elles-mêmes sont réglées de manière à ne pas enfreindre la liberté de l'homme honnête et du citoyen vertueux. Parmi ces forces, je distingue d'abord la loi.

Il est des cas où l'abus de la liberté d'un seul causerait presque infailliblement un grand dommage à toute la communauté. Que dans une élection un vingtième ou un dixième de la population soutienne une candidature insultante pour la raison publique, il n'y a pas grand mal, pourvu que les neuf autres dixièmes, à qui je suppose des idées saines, au lieu de se laisser intimider par les fous et les énergumènes et de s'enfermer chez eux, aillent remplir leurs devoirs de citoyen et au besoin fassent respecter l'ordre. Que quelques personnes crédules se prennent d'enthousiasme pour les drogues d'un saltimbanque et ruinèrent leur santé, le mal peut être plus grave ; cependant le dommage n'est que pour ces personnes-là. Chacun pour soi, a pu dire le législateur, la leçon profitera au reste du public. Mais voici un producteur qui travaille pour l'exportation, et qui, spéculant sur l'inattention de l'acheteur, envoie sur les marchés étrangers des produits de mauvaise qualité : il sera cause que les objets d'origine américaine seront décriés au dehors, et qu'on les repoussera indistinctement. Dans cette prévision, on a jugé à propos d'avoir des lois d'inspection à la sortie pour les denrées américaines de grande exportation, de celles du moins qui peuvent aisément être vérifiées ; ainsi de la farine, qui se vend en grande quantité aux Antilles et dans l'Amérique du Sud ; ainsi des viandes salées dont l'Angleterre a reçu, en 1847, des États-Unis 13 millions de kilogrammes, et que la France a le tort d'écarter, quoique l'hygiène publique ait beaucoup à souffrir parmi nous de la pénurie de la viande.

Les lois américaines pour l'inspection à la sortie de la farine et des salaisons n'ont rien de commun avec les règlements de fabrique dont 1789 délivra enfin l'industrie française. Chaque baril de farine ou de porc salé est visité au port seulement, sur le quai, au moment où on va l'embarquer ; avec un fer rouge, l'inspecteur y imprime une marque constatant que l'inspection a été satisfaisante. A l'égard des viandes salées, le détail des prescriptions est curieux à lire : on indique les pièces de la bête qui ne peuvent être exportées, la qualité de la saumure et d'autres choses indispensables à la bonne conservation, mais fort élémentaires. On a laissé à chaque état maritime le soin de faire ses lois d'inspection. Au congrès a été réservé seulement le droit de les réviser et de les contrôler autant que besoin serait, afin qu'elles ne servissent pas de prétexte à des exactions ou à d'autres abus (titre Ier de la constitution. article 10, § 2). On a eu l'attention de rendre le mécanisme de ces lois très simple et très expéditif ; l'administration française pourrait apprendre là comment on peut se dispenser de mettre en mouvement à tout propos des régiments de fonctionnaires et de remuer des montagnes de paperasses, et comment il est possible de garantir suffisamment l'intérêt public sans imposer au commerce beaucoup d'ennuis, de servitudes et d'avanies.

Les lois d'inspection sont anciennes en Amérique ; elles datent du régime colonial. Elles ont empêché, depuis trente ans, des pacotilleurs effrontés de porter à l'agriculture américaine un grand préjudice. On pourrait supposer que, chez les Américains, c'est un débris de l'ancien régime, échappé par hasard aux réformateurs. Je ne crois point à ces hasards-là. Les lois d'inspection n'excitent pas de plainte parmi les commerçants honorables et parmi les cultivateurs ; mais elles blessent des intérêts malhonnêtes et sordides, qui, aux États-Unis, sont pour le moins aussi remuants que partout ailleurs, et, pour que le système de l'inspection fût maintenu de nos jours, il a fallu qu'il fût bien défendu.

Au reste, il ne faut jamais chercher l'unité absolue dans les lois des nations. Le cœur humain est un abîme de contradictions ; la législation, œuvre de l'homme, ne peut manquer de s'en ressentir. La liberté est fort en honneur en Amérique ; cependant l'esprit

Michel Chevalier

réglementaire y compte des adorateurs, et maintes fois on a déterminé le législateur à faire des génuflexions devant ses auteurs ; mais ce sont ces exceptions qui ne détruisent pas la règle. J'en trouve un exemple dans les actes du congrès de l'année dernière : une loi a été rendue pour protéger le citoyen américain contre les médicaments frelatés que les chimistes d'Europe pourraient lui envoyer. On sophistique toutes les substances médicinales : il y a quelques années, n'a-t-on pas donné à nos héroïques soldats d'Afrique, que la fièvre rongeait, de la fécule au lieu de quinine ? Pour garantir le public américain contre ces fraudes coupables, en tant qu'elles peuvent être du fait des Européens, le congrès, par une loi du 26 juin 1848, a établi, pour les substances médicinales, une inspection à l'entrée.[1]

Comme exemples du système réglementaire, qui sont des contre-sens véritables dans la législation américaine, on pourrait citer les lois qui aujourd'hui encore, dans l'état de New-Jersey et dans celui d'Alabama, imposent un tarif aux auberges ; mais il ne faut pas s'arrêter à ces petites contradictions-là. Tout ce qui se fait aujourd'hui de lois de ce genre en Amérique est, pour ainsi dire, mort-né. Ce qui en reste d'autres temps n'a pas longtemps à vivre.

En résumé, tenons pour démontré qu'en Amérique l'homme de travail soit qu'il cultive, qu'il manufacture ou qu'il commerce, soit qu'il ait une profession libérale, possède, pour exercer ses facultés, pour suivre ses idées, une liberté extrêmement étendue. C'est le pays du monde où il en a le plus. A quelques égards, pour ce qui est par exemple de la liberté d'échanger ses produits contre ceux des autres peuples, ou pour faire venir du dehors des objets utiles à la production même, comme du fer, de l'acier, des machines, l'Angleterre, depuis les réformes de sir Robert Peel, s'est placée à un degré supérieur ; mais, par plusieurs autres côtés, l'Amérique du Nord offre à l'homme qui veut travailler avec fruit, au pauvre surtout, plus de latitude, de commodité ; de liberté, et, tout balancé,

1 Cette loi n'atteindra pas le but, car elle n'empêchera pas les adultérations à l'intérieur, et il ne manquera pas de spéculateurs indigènes pour en exploiter le monopole, puisqu'on le leur réserve. Du moment que le législateur entreprend de protéger les citoyens contre les mauvais médicamens, il n'est pas possible de se dispenser de la visite des pharmacies, qui rentrerait parmi les attributions des états particuliers. On sait qu'en France cette visite se fait ou doit se faire ; il me semble bien peu probable que l'Amérique en vienne là.

l'avantage lui reste.

Partie VIII
De la liberté considérée sous le rapport de la consommation et du travail – Contrepoids qu'elle a dans les mœurs plus que dans les lois.

A côté de la liberté de produire et de travailler sous toutes les formes, il y a celle de consommer et de jouir. Ici la liberté rencontre sur son chemin des argus vigilants et sévères, qui ont planté des barrières en-deçà desquelles, jusqu'à présent du moins, il a fallu se tenir. C'est le sentiment religieux qui veut être respecté ; c'est la morale publique et privée qui ne supporte pas d'être violentée, et qui réagit vigoureusement contre qui l'insulte ; c'est aussi la loi.

Boston peut se vanter d'être le berceau des franchises du Nouveau-Monde. C'est là que se couva pendant deux siècles et demi, depuis le débarquement des pèlerins sur la plage de Plymouth jusqu'à la proclamation de l'indépendance, une liberté qui, une fois éclose, devait être irrésistible dans son essor. C'est à Boston qu'est parvenu à son développement le plus complet l'esprit de *self-government* qui remet à l'individu la direction de soi-même. Quand fut venu le moment d'affranchir les treize colonies, ce fut bien le sud qui fournit à la confédération naissante le plus grand de ses héros, celui dont l'autorité, la modération et l'inébranlable fermeté assurèrent le triomphe des armes américaines ; mais ce fut la population de la région dont Boston est le centre qui, plus qu'aucune autre, accomplit de ses mains cette belle révolution, et le palladium de l'indépendance était à Boston. Je ne connais pas d'hommes qui apprécient plus la liberté, qui l'utilisent avec plus d'intelligence, qui fissent plus de sacrifices pour la reconquérir s'ils l'avaient perdue, que la population des six états composant la Nouvelle-Angleterre, qui se résume en Boston autant qu'elle peut se résumer quelque part.

Cependant à Boston, si vous traversez avec un cigare l'espace planté nommé les *Commons*, qui est un des ornements de la cité, vous serez condamné à une amende, si je m'en souviens bien de 5 dollars (27 francs). On ne veut pas que votre liberté de fumeur

Michel Chevalier

empiète sur la liberté du public, à qui il ne convient pas que sa belle promenade, quoiqu'il la fréquente peu, soit infectée de l'odeur du tabac. Le cigare fait vos délices ? fumez chez vous, citoyen.

Ce menu détail, que je prends entre une infinité d'autres, révèle un des caractères propres aux lois américaines. C'est une variété spéciale et définie de l'esprit réglementaire ; mais la teinte s'affaiblit à mesure qu'on s'éloigne du nord. Elle s'affaiblit par l'influence du climat sur les lois, qu'il est impossible de nier, lors même qu'on lui refuse l'étendue indiquée par Montesquieu. Elle s'affaiblit, parce que la population de la Nouvelle-Angleterre, ce type désigné souvent par le sobriquet d'*Yankee*, qui heureusement pour la prospérité de l'Union, a envoyé des essaims de ses enfants, ou tout au moins des sentinelles avancées, dans tous les états, compte moins de représentants dans le midi que dans le nord. Elle s'affaiblit parce que, dans les états à esclaves, l'habitude de la domination rend les blancs plus superbes, et qu'ainsi la loi est tenue, pour éviter d'être violée, d'être plus réservée dans ses injonctions touchant à la personne. Elle s'affaiblit parce que, en dehors de la Nouvelle-Angleterre, dans le nord même, la philosophie du XVIIIe siècle a pris pied assez pour introduire jusqu'à un certain point le laisser-aller français, tandis que l'homme de la Nouvelle-Angleterre ne connaît et n'aime de philosophie que l'esprit biblique, qui est peu indulgent, qui est austère et rigide. Cependant la tendance réglementaire, appliquée à des objets du genre de celui que je viens de noter, se retrouve à différents degrés sur la totalité du territoire de l'Union, et elle caractérisera l'Amérique tant que l'Yankee y aura l'ascendant. Pour le maintien de la république des États-Unis, il faut souhaiter que ce soit indéfiniment.

Dans l'antiquité, les hommes dot la postérité a fait des modèles républicains ont tous pensé que le luxe et la débauche étaient les ennemis mortels de la liberté politique et que l'irréligion en était le poison ; rien n'est plus vrai, et c'est une vérité de tous les temps et de tous les lieux. Voici une population qui subitement se vante d'être républicaine et se prend à crier d'une voix tonnante : Vive la république ! Ne vous fiez pas à ces clameurs. Tâtez-lui le pouls et sondez-lui les reins. Si vous découvrez qu'elle a perdu la foi religieuse, que le scepticisme l'a gangrenée, que c'est à peine si quelques âmes délite ont pour se diriger la philosophie, flambeau dont l'œil du vulgaire ne perçoit pas la lumière, prononcez hardiment que ces prétentions à la république sont de la jactance. Ou bien, si ce qui vous frappe de prime-abord, c'est que les mœurs sont relâchées, que les riches ont le goût de filles d'opéra, et que, parmi les ouvriers, un grand nombre, ceux-là surtout qui affichent le plus de transports pour la république, vivent dans la débauche ou le concubinage : n'hésitez pas ; affirmez que la république est une chimère ou un mensonge. Et comment celui qui méconnaît Dieu même, source de tout devoir, pratiquerait-il régulièrement ses devoirs envers la patrie avec ce zèle spontané qui est l'essence de la république ? Comment celui qui trébuche sur le grand chemin de la morale ordinaire suivrait-il les sentiers escarpés de la liberté politique, de ce pas ferme et sûr qui est l'allure nécessaire du républicain ? De même pour l'amour du luxe et des plaisirs, pour le dédain de l'économie. Comment des hommes qui dépenseraient le dimanche et le lundi tout leur salaire de la semaine seraient-ils les citoyens d'une république sincère ? Est-ce qu'on est apte à peser d'une manière quelconque sur les affaires de l'état, quand on mène ses affaires personnelles avec la plus parfaite imprévoyance ?

Aux États-Unis donc, c'est un principe bien affermi dans ceux des états qui donnent le ton, que la république n'a de fondements solides que la religion, la morale, la simplicité. En conséquence, on exige de chacun qu'il se montre religieux, époux fidèle, qu'il soit simple et modeste dans son existence. Vous voulez être quelque chose dans la cité ou dans l'état ; voilà d'abord des gages qu'il faut que vous nous donniez. Vous serez ce qu'il vous plaira : unitairien, méthodiste, anabaptiste, anglican, calviniste, luthérien ou même catholique;[1] vous aurez la religion naturelle des quakers, nous vous permettrions presque d'être mahométan, jusques à la pluralité des femmes exclusivement ; mais vous honorerez Dieu, vous lui rendrez hommage dans un temple, sinon vous serez au ban de la société. De même vous aurez des mœurs rigoureusement pures ; vous respecterez profondément la femme de votre voisin ; jamais vos mains ne toucheront un jeu de cartes ; vous n'afficherez, aucun luxe. Sinon il n'y a ici pour vous que l'ostracisme. C'est ainsi que parlerait Caton le censeur, s'il vivait aux États-Unis ; c'est aussi ce

---

1 On verra un peu plus bas pourquoi nous mettons ici, en quelque sorte, le catholicisme à part.

Michel Chevalier

qu'y a proclamé jusqu'à nos jours la voix de l'opinion. On assure que, depuis quelques années, la rigidité du sentiment public y mollit visiblement, que le luxe y prend pied, que, dans les grandes villes, les mœurs se relâchent. S'il en était ainsi, le pays deviendrait plus agréable à habiter pour l'opulence et les gens de plaisir ; mais la cause démocratique y serait compromise d'autant, et la république changerait de caractère, si même elle survivait.

La difficulté était de savoir si, pour maintenir l'esprit religieux et les principes de la morale, la loi devait être l'instrument principal ; en d'autres termes, si l'on aurait des lois somptuaires, des lois qui pénétrassent dans la vie privée, des lois dont la conscience même fût justiciable. Ce fut la détermination qu'on prit à l'époque de la fondation des colonies du nord-est, et particulièrement dans le Massachusetts. Il ne faut pas s'en étonner : c'était l'esprit de l'Europe elle-même alors. Les puritains qui, poursuivis pour leurs croyances en Europe, vinrent chercher un asile dans les forêts du Massachusetts et donnèrent au monde l'exemple de la première colonie que la religion seule eût fondée, outraient sur ce point les, idées de leur temps, dont ils avaient cependant tant eu à souffrir. Citez ces âmes énergiques et rudes que l'injustice avait froissées, le protestantisme peu conciliant de Calvin fut porté jusqu'aux dernières exagérations. Une fois en Amérique, sur un sol vierge qu'aucune institution politique ou sociale n'encombrait, les puritains s'abandonnèrent à l'impétuosité de leurs penchants de réforme ils rejetèrent la tradition dont s'appuyait l'église romaine pour suivre l'autorité des Ecritures, mais non pas à demi. La loi de Moïse pure et simple devint leur loi, non pas seulement religieuse, mais civile, mais politique. Les règlements qu'un grand homme avait été chercher au mont Sinaï pour les imposer au vulgaire grossier des douze tribus qu'il venait d'arracher à l'esclavage des Égyptiens, durent, dans la lettre même, servir de code à des chrétiens du XVIIe siècle qui étaient aussi policés que quiconque l'était alors dans la Grande-Bretagne. On eut donc au Massachusetts, dans l'origine, la confusion de l'état dans l'église, la théocratie, l'intolérance systématique. Quiconque n'était pas des congrégations n'aurait pu se supporter dans le pays et n'y était pas supporté. La loi réglementait tout, statuait sur tous les actes de la vie ; elle n'était pas seulement exclusive, elle était impitoyable.

Partie VIII

Quand on lit les anciens documents des deux principaux états de la Nouvelle-Angleterre, le Massachusetts et le Connecticut, on y voit la peine de mort appliquée en vertu des articles du Deutéronome, du Lévitique et de l'Exode non pas seulement pour des crimes contre les personnes ou les propriétés, mais pour des péchés dont on ne rend plus compte qu'à son confesseur ou à Dieu. Alors c'est le bourreau qui est chargé de faire respecter, même sous le toit domestique, la religion et les mœurs. Le blasphème est alors un crime capital, par la raison que c'est dit dans le Lévitique. L'adultère est frappé de la même peine par le même motif. L'Exode, le Lévitique et le Deutéronome montrent que, parmi les Hébreux, la sorcellerie entraînait le dernier supplice ; il n'en faut pas davantage pour que, dans le Massachusetts et le Connecticut ; en plein XVIIe siècle, la sorcellerie soit reconnue comme un crime qui conduit nécessairement à la potence. L'intervalle de 1688 à 1692 est marqué, dans l'histoire du Massachusetts, par une suite de procès ou l'ambition astucieuse d'un ministre nommé Cotton Mather fit condamner à mort comme coupables de sorcellerie un grand nombre de personnes respectables, dont une même était un vénérable prédicateur, et les condamnés furent exécutés.[1]

Dans le détail de la vie privée, on prescrivait ce qu'on jugeait conforme à la législation des Hébreux, et on reprenait ce qui du même point de vue paraissait blâmable. Les *lois bleues* du Connecticut, qui gouvernaient cet état en 1630, ont sous ce rapport plus de célébrité encore que les règlemens du Massachusetts. On y trouve, par exemple, l'interdiction du tabac, et il est permis de croire que les réminiscences de ce temps-là ne sont pas étrangères à l'ordonnance locale dont je parlais tout à l'heure, et qui, au surplus, n'a rien que de facile à justifier, au sujet de la promenade des *Commons* à Boston.

Les idées suscitées ou fortifiées en Europe par le progrès des temps, qui peu à peu y faisaient prévaloir la séparation de l'autorité civile et de l'autorité religieuse, la liberté de conscience et la liberté

1 En France, l'exécution d'Urbain Grandier, sous prétexte de sorcellerie, est de 1634, c'est-à-dire antérieure de cinquante-quatre ans à celle des victimes de Cotton Mather. Le supplice du chevalier de La Barre, pour sacrilège, est même de 1766 ; Il est vrai que ce fut un acte isolé. Le récit des procès en sorcellerie dans le Massachusetts est un des morceaux les plus curieux de l'excellente *Histoire des États-Unis* par M. Bancroft. Il est dans le Chapitre XIX.

Michel Chevalier

individuelle, et qui interdisaient au législateur de pénétrer dans le foyer domestique et de s'immiscer dans la vie privée, passaient les mers et s'implantaient en Amérique. Quelques-uns des colons eux-mêmes, dès le début, proclamaient pour leur propre compte la tolérance, et ce sera l'éternel honneur de Roger Williams, le fondateur de la colonie de Rhode-Island, d'avoir, dès 1631, déroulé tout entier, à ses risques et périls, en face de l'esprit sectaire du Massachusetts, l'étendard de la liberté religieuse. La charte qu'en 1663 Charles II octroyait à cette communauté au berceau était, sur ce point, d'un libéralisme dont s'honorerait à juste titre un législateur de nos jours. Lord Baltimore dans le Maryland, l'apôtre sincère de la fraternité, Penn, dans la Pensylvanie et une partie du New-Jersey, s'animaient aussi de ces nobles principes. Plus tard, la philosophie du XVIIIe siècle a rendu à l'Amérique, par les soins de publicistes et d'hommes d'état du midi, le service de donner une vigoureuse impulsion à la réforme de ce qui restait du système réglementaire et exclusif qui s'était greffé sur la lettre de la Bible. Cependant il en reste encore quelque chose, dans les idées surtout, et le peu de sympathie dont jouit le catholicisme auprès de l'opinion dominante, dans les principaux états la Nouvelle-Angleterre,[1] en est la preuve trop insigne.

Aujourd'hui donc, d'une extrémité de l'Union à l'autre, ce n'est plus guère que par exception qu'on charge la loi de maintenir les pratiques religieuses, du garantir en détail les principes de morale qui servent de base à la société, à la famille, et par suite aux institutions libres, et de perpétuer par des prescriptions impératives les habitudes d'ordre, d'économie, de bonne conduite, par où se font jour ces principes dans la vie individuelle. Cette grande mission est confiée aux mœurs, et pour me servir des expressions de M. de Tocqueville, « j'entends ici l'expression de *mœurs* dans le sens qu'attachaient les anciens au mot *mores*. Non-seulement je l'applique aux mœurs proprement dites qu'on pourrait appeler les habitudes du cœur, mais aux différentes notions que possèdent les hommes, aux diverses opinions qui ont cours au milieu d'eux et à l'ensemble des idée dont se forment les habitudes de l'esprit. »

Au dernier degré de la juridiction des mœurs, il y a eu quelquefois comme un ressort extraordinaire, une sorte de secret tribunal

---

1 En dehors de la Nouvelle-Angleterre, le catholicisme a plus de faveur.

des dix qui prononçait des arrêts foudroyants. Telle femme avait manqué scandaleusement à la foi conjugale : elle et son complice, saisis la nuit par des mains mystérieuses, étaient *goudronnés et emplumés,*[1] *et laissés dans ce piteux état sur la voie publique. Des joueurs de profession dévalisaient une ville par leurs escroqueries : la bande était appréhendée au corps et pendue en plein midi. Un tel est un séditieux qui propage des doctrines funestes, ou un magistrat prévaricateur, et il trouve le moyen d'échapper à la vindicte des lois ; à défaut de sa personne qu'on ne rencontrait pas et qu'on eût lapidée, on allait saccager sa maison et la démolir. Contre ces horreurs, un cri s'élevait : c'était la protestation véhémente des vrais républicains, qui ne veulent de saturnales d'aucune sorte, et qui exècrent toute espèce de tyrannie. Il n'y a de république qu'autant que la loi seule est souveraine, Il faut dire que ces exécutions brutales sont extrêmement rares depuis quelques années. Dans le courant de 1835, elles avaient consterné les plus grandes villes de l'Union, Boston, New-York, Philadelphie, Baltimore, et plusieurs autres localités moindres du midi, et elles n'avaient pas même l'excuse de venger des principes sacrés. Les bandes qu'on vit alors, ici mettre le feu au couvent de paisibles et pieuses ursulines dont tout le crime était de se mêler de l'éducation des familles de toute croyance et d'y avoir du succès, là dévaster et renverser les maisons de citoyens honnêtes, ailleurs violer la poste aux lettres, arrêter et torturer des voyageurs, procédaient presque partout et d'une intolérance sauvage ou d'aveugles vengeances contre des capitalistes auxquels il n'y avait rien à reprocher, ou d'une machination en faveur de l'esclavage des noirs.*

Circonstance qui rendait ces violences et ces atrocités plus impardonnables, l'opinion publique, les mœurs, ont aux États-Unis un organe légal, écouté, à la censure duquel rien ne peut se soustraire, qui exerce dans l'ordre moral comme dans l'ordre judiciaire une magistrature comparable à celle dont étaient investis les censeurs aux beaux jours de la république romaine : c'est le grand-jury ou jury d'accusation, l'une des plus remarquables institutions dont les États-Unis aient emporté les traditions dans le Nouveau-Monde. Le grand-jury est en droit de dénoncer comme une *nuisance* publique (*a public nuisance*) tel fait, telle coutume, tel abus qui lui parait contraire à la morale, à la prospérité, à l'hygiène

---

1 *Tarred and feathered.*

Michel Chevalier

publique. Il lui est loisible de signaler qui il lui plaît comme un malfaiteur public. Dictature formidable ! Il en est peu fait usage, si ce n'est pour les crimes et délits communs, mais elle attache quelquefois sa réprobation redoutée à des actes d'un autre genre, et rien n'empêcherait qu'on s'en servît plus fréquemment.

La loi moderne de l'Amérique du Nord n'est pas entièrement désarmée, je ne dis pas contre l'irréligion, à moins que celle-ci ne devienne agressive et n'éclate en outrages publics, mais contre les mauvaises mœurs et les mauvais penchants. On la voit procéder même par la voie préventive. Je trouve une application remarquable du système préventif dans une loi récente du Massachusetts. Cette loi, dont la date est du 19 avril 1838, a eu pour objet d'extirper de cet état l'ivrognerie, qui, à une certaine époque, a fait des ravages en Amérique, mais que les sociétés de tempérance avaient déjà beaucoup amoindrie. Elle interdit absolument la vente en détail de l'eau-de-vie, du rhum, de toute liqueur spiritueuse, de tout mélange spiritueux. Elle porte que ces liquides ne pourront se vendre par lots de moins de 15 gallons (68 litres) aubergistes n'ont pas la permission d'en servir un petit verre : seuls, les pharmaciens ou les médecins agréés par les autorités locales peuvent en délivrer en cas de nécessité bien établie, et il n'est accordé de licence qu'à une personne par 2,000 habitants. Dans plusieurs autres états, la vente en détail des spiritueux est soumise à des restrictions préventives ; mais nulle part on n'est allé aussi loin que dans le Massachusetts, à beaucoup près. Ainsi, à New-York, cette vente est interdite le dimanche.

Pour terminer, je cite une disposition législative plus caractéristique encore : le suffrage à peu près universel est la loi électorale de l'Amérique ; il n'est pourtant pas sans restrictions. Les hommes de couleur en sont exclus à peu près partout en droit, et partout en fait. Dans certains états, il faut être inscrit au rôle des contributions, même pour une somme déterminée, ou, à défaut de payer un impôt, il faut être chef de famille et maître de maison (*house keeper*). Dans plusieurs des états de la Nouvelle-Angleterre, le vote est interdit à quiconque reçoit des secours de la charité publique, et, dans le Massachusetts, cette exclusion-là atteint quelques milliers de personnes ; mais, pour rester dans notre sujet, l'interdiction est prononcée dans plus d'un état contre les personnes qui ne sont pas de bonnes vie et mœurs. Ainsi nul ne peut voter dans le Vermont, s'il n'est d'une conduite tranquille et pacifique (*a quiet and peacable behaviour*), dans le Connecticut à moins d'avoir une bonne renommée (*a good moral character*). Dans un des plus jeunes états, celui de l'Iowa, situé à l'ouest, la constitution[1] porte que les idiots, les aliénés et les personnes mal famées ne pourront voter. Je n'entreprendrai pas de dire ici comment ces dispositions de la loi sont mises en vigueur. Prenez-les simplement pour des vœux, pour un signe de la tendance qu'ont les lois et l'opinion. Pour tout peuple qui essaie de se mettre en république démocratique, c'est-à-dire de fonder le gouvernement de tous pour tous, c'est un rappel de cette grande vérité sur laquelle on ne saurait trop insister, que, s'il n'a pas en lui un grand ressort moral, sa tentative est impuissante, et qu'elle doit tourner sa confusion certainement, à l'accomplissement de sa ruine peut-être.

---

1 La constitution du Vermont est de 1793, celle du Connecticut de 1818, celle de l'Iowa de 1846.

Michel Chevalier ISBN : 978-1533634344